Chakras für Anfänger

„Spüre und aktiviere Deine Chakras für mehr Wohlbefinden, Selbstvertrauen und spirituelle Einsicht“

Alexander Janzer

ISBN: 1492905097
ISBN-13: 978-1492905097

Inhalt

Einleitung 1

Was sind Chakras? 4

Grundlagen der Chakra-Aktivierung 6

- Energie folgt der Aufmerksamkeit
- Wie man Chakras schnell spüren lernt
- Zuerst Qualität, dann Quantität

Die 7 Hauptchakras im Einzelnen 11

- Erstes Chakra (Wurzel)
- Zweites Chakra (Genital)
- Drittes Chakra (Solarplexus)
- Viertes Chakra (Herz)
- Fünftes Chakra (Kehle)
- Sechstes Chakra (Drittes Auge)
- Siebtes Chakra (Krone)

Transpersonale Chakras (Über dem Kopf) 30

Reinigung der Chakras 36

- Mentale Blockaden auflösen

Emotionale Blockaden auflösen

Emotionale Heilung 47

Übung: Zulassen & Loslassen

- Übung: Selbstliebe 1
- Übung: Selbstliebe 2

Auf das Herz hören lernen 62

Einleitung

In diesem Buch finden Sie die schnellste und direkteste Methode zur Aktivierung und Reinigung der Chakras.

Diese Methode ist vor allem deshalb empfehlenswert, weil Sie dabei lernen, Ihre Chakras und die Energie *selber zu spüren*. Es ist also keine Glaubensfrage, sondern etwas, das Sie mit etwas Übung direkt selbst wahrnehmen und überprüfen können.

Die Chakras spielen beim persönlichen Wachstum und bei der spirituellen Entwicklung eine zentrale Rolle – und zwar unabhängig von der spirituellen Schule oder Tradition, der man angehört.

Echte spirituelle Entwicklung geht nämlich *immer* mit der stärkeren Aktivierung und Reinigung der eigenen Energie-Zentren (Chakras) einher.

* * *

Spirituelles Wachstum ist zwar durchaus auch *ohne* direkte Chakra-Arbeit möglich. Dabei findet die Chakra-Aktivierung aber dennoch *unbewusst* statt – als Nebenprodukt anderer spiritueller Übungen und des persönlichen Wachstums.

Die *bewusste* Wahrnehmung und Aktivierung der Chakras hat aber viele Vorteile, die sowohl die eigene spirituelle Entwicklung wie auch die Lebensqualität im allgemeinen erheblich verbessern können.

Zu den Vorteilen der Chakra-Aktivierung gehören unter anderem die folgenden Dinge:

- Totale Selbstsicherheit auf einer fundamentalen Ebene
  (1. Chakra)

- Mehr Spaß am Leben und viel mehr Kreativität
  (2. Chakra)

- Mehr Wohlstand und beruflicher Erfolg
  (2. und 3. Chakra zusammen)

- Tiefe Erfüllung und Intuition
  (4. Chakra – auf das Herz hören)

- Erweiterung der eigenen Wahrnehmung
  (6. Chakra – Drittes Auge öffnen)

- Erfahrung höherer Bewusstseinsebenen
  (7. Chakra und Transpersonale Chakras)

Dieses Buch bietet Ihnen eine praktische Anleitung, um die Chakras möglichst *einfach* und *schnell* spüren zu lernen, diese von energetischen Blockaden zu reinigen und zu aktivieren.

Vor allem die *Reinigung der Chakras* kann sehr viel Zeit in Anspruch nehmen. Dabei müssen die emotionalen Blockaden rund um die Chakras aufgelöst werden. Das ist oft gleichbedeutend mit Heilung emotionaler Wunden und Trauma.

Auch dazu finden Sie entsprechende Übungen in diesem Buch.

* * *

Es gibt sehr viel überliefertes Wissen über die Chakras, vor allem aus Indien. Oftmals handelt es sich dabei aber um wenig hilfreiche Methoden oder um Theorien, die einen in der Praxis der Chakra-Reinigung und Aktivierung nicht wirklich weiterbringen.

Wir beschränken uns daher lediglich auf solche Informationen, die Ihnen in der Praxis helfen können und die Sie tatsächlich in sich selbst überprüfen können.

Kundalini-Aktivierung ist im Grunde auch nichts anderes als die Aktivierung der Chakras. Mit den hier vorgestellten Methoden und Meditationen läuft der Prozess der Kundalini-Aktivierung aber sanft und stufenweise ab, ohne uns zu überfordern.

Was sind Chakras?

Chakras sind Energie-Zentren in verschiedenen Bereichen des Körpers.

Es handelt sich hierbei um feinstöffliche Energie, die von der Wissenschaft noch nicht entdeckt worden ist, deren Existenz aber jeder Mensch eigenständig überprüfen kann. Diese Energie wird auch als Lebensenergie, Chi, Prana, *personal power*, usw. bezeichnet.

Jedes Chakra hat eine andere Funktion, so dass die Reinigung und Aktivierung jedes einzelnen Chakras unterschiedliche Ergebnisse und Vorteile bietet. Mehr dazu im Kapitel: *Die 7 Hauptchakras im Einzelnen.*

Neben den 7 Hauptchakras im Körper gibt es auch Transpersonale Chakras, die man *über dem Kopf* spüren und aktivieren kann, sowie viele kleinere Energie-Zentren in verschiedenen Bereichen des Körpers und auch außerhalb des Körpers, z.B. Subpersonale Chakras unter den Füßen.

* * *

Der Begriff „Chakra“ wurde aus dem Sanskrit übernommen und bedeutet wörtlich „Rad“. Damit ist gemeint, dass man mit genügend Übung die Chakras als rotierende Energie-Wirbel wahrnehmen kann.

Wie bereits erwähnt ist die Reinigung und Aktivierung der Chakras untrennbar mit persönlichem Wachstum und der spirituellen Entwicklung verbunden. Ob als bewusste Chakra-

Arbeit oder als Nebenprodukt andcrer Übungen – die Chakras *müssen* auf dem spritiuellen Weg gereinigt und aktiviert werden.

Unser ganzes Bewusstsein, die Stufe unserer Wahrnehmung und sogar solche Dinge wie Durchsetzungsfähigkeit und Kreativität hängen alle direkt von dem Zustand verschiedener Chakras ab.

Ist beispielsweise das 1. Chakra (*Wurzelchakra*) blockiert, so wird man sich in jedem Lebensbereich unsicher fühlen. Wird das 1. Chakra gereinigt und aktiviert, so wird man volles Selbstvertrauen in jeder Situation haben.

Grundlagen der Chakra-Aktivierung

In diesem Kapitel erfahren Sie, wie man am einfachsten lernen kann, die Chakras zu *aktivieren* und zu *spüren*.

Ein Chakra kann man nur dann spüren, wenn dieses zumindest etwas aktiviert ist. Und wenn man ein Chakra erst spüren kann, dann wird die weitere Aktivierung dieses Chakras noch viel einfacher. Dazu gleich mehr.

Zuerst kommen wir zu einer Regel, die die Grundlage der Chakra-Aktivierung darstellt:

1. Energie folgt der Aufmerksamkeit

Worauf wir unsere Aufmerksamkeit richten, dorthin strömt die Energie, mit der auch Chakras aktiviert werden können.

Es ist eine der grundlegendsten spirituellen Regeln, auf der sehr viele Arten von Meditation basieren.

2. Wie man die Chakras schnell spüren lernt

Um ein Chakra zu aktivieren und dann zu spüren, muss die Aufmerksamkeit auf die Körperregion gerichtet werden, in der sich das jeweilige Chakra befindet.

Man muss sich also auf bestimmte Körperregionen konzentrieren, um die Chakras zu aktivieren.

Je mehr ein Chakra aktiviert ist, desto einfacher ist es zu spüren (als Druck, Wärme, Rotation, usw.). Zusätzlich spürt man dann immer deutlicher die mit dem jeweiligen Chakra assozierten Gefühle bzw. Zustände des eigenen Seins:

1. Chakra: Sicherheit und Selbstvertrauen (*security)*
2. Chakra: Genuß und Kreativität (*pleasure)*
3. Chakra: Kraft und Durchsetzungsvermögen (*power)*
4. Chakra: tiefes Verbundensein (*connection*)
5. Chakra: Selbstausdruck (*expression*)
6. Chakra: spirituelle Einsicht („drittes Auge")
7. Chakra: eigene Göttlichkeit und Selbstannahme (*divinity*)

Im Grunde geht es sehr weit über Gefühle hinaus, denn durch die Aktivierung und Reinigung des jeweiligen Chakras wird unser gesamter Bewusstseinszustand auf einer fundamentalen Ebene verändert und gehoben.

Beim ersten Chakra spürt man dann nicht nur absolute Sebstsicherheit, sondern man *ist* im gewissen Sinne auch Selbstsicherheit. Genau das gleiche gilt auch für die Aktivierung der anderen Chakras.

* * *

In der Anfangszeit kann es notwendig sein, die Aufmerksamkeit über einen *längeren* Zeitraum im Bereich eines Chakras zu halten. Oftmals kann man erst dann anfangen, leichte Veränderungen in diesem Körperbereich zu spüren, um dann immer deutlicher das entsprechende Chakra zu spüren.

Dic folgende Methode zur Aktivierung der Chakras hat sich im Allltag gut bewährt:

Egal was Sie tun, halten Sie einen Teil Ihrer Aufmerksamkeit in dem Bereich des Chakras, das Sie aktivieren und spüren möchten. Beim Autofahren, gehen, am Computer sitzen oder beim Essen ist das meist recht einfach.

Sobald Sie etwas Neues im Bereich des Chakra spüren, konzentrieren Sie sich auf dieses neue Gefühl in dem entsprechenden Körperbereich. Damit wird das Chakra dann schneller aktiviert.

* * *

Die anfängliche Wahrnehmung der Chakra-Energie kann sich von Person zu Person relativ stark unterscheiden. Das kann reichen von Druck, Wärme oder Rotation bis hin zu einem fast physischen Spüren des Chakras in dem entsprechenden Körperbereich.

Tatsächlich ist die Energie-Wahrnehmung in vielen Fällen fast wie ein körperliches Fühlen, „als wäre da was". Genau darauf sollten Sie sich dann konzentrieren.

Was sich von Person zu Person dagegen *nicht* ändert, ist dass die Chakras immer in den gleichen Körperbereichen sind. Auch die mit dem jeweiligen Chakra assozierten Gefühle bzw. Bewusstseinzustände sind immer die gleichen.

Eine genauere Übersicht dazu finden Sie im folgenden Kapitel: *Die 7 Hauptchakras im Einzelnen*.

3. Zuerst Qualität, dann Quantität.

Außerdem sollte man wissen, dass alle Chakras (außer 1. und 7. Chakra) eine *Vorder- und Rückseite* haben.

Es gibt also bei den fünf mittleren Chakras jeweils einen Energie-Wirbel, der nach *vorne* gerichtet ist und jeweils einen Energie-Wirbel, der nach *hinten* gerichtet ist.

Demensprechend können bei diesen Chakras die Vorder- und Rückseite *getrennt* aktiviert werden, indem man seine Aufmerksamkeit auf die entsprechende Region auf der Vorderseite oder Rückseite des Körpers richtet.

Beispiel: Die Vorderseite des Herzchakras kann man sowohl *auf* wie auch *in* der Brust spüren, während die Rückseite des Chakras am Rücken wahrgenommen werden kann.

* * *

Die Vorderseite aktiviert die *Qualität* eines Chakras, die Rückseite dagegen die *Quantität* des mit diesem Chakra assozierten Bewusstseinszustands.

Auch hier gibt es eine wichtige Regel:

Zuerst Qualität, dann Quantität eines Chakras aktivieren.

Es ist fast immer am besten, zuerst die Vorderseite eines Chakras (Qualität) zu aktivieren und erst später die Rückseite (Quantität). In der Anfangszeit reicht es vollkommen, nur die Vorderseite der Chakras zu aktivieren.

Wenn Quantität *vor* der Qualität eines Chakras aktiviert wird, dann kann das zu zahlreichen (meist vorübergehenden) Problemen führen.

Ein solches Problem ist, dass das entsprechende Chakra auf einem *qualitativ* niedrigen Niveau arbeiten wird, das aber sehr stark.

Es ist also eine Frage der richtigen Balance.

Ohne genügend Qualität macht die Aktivierung der Quantität einfach keinen Sinn.

* * *

Das 1. und 7. Chakra haben zwar keine Vorder- und Rückseiten, aber auch bei diesen Chakras können die Qualität und Quantität mehr oder weniger getrennt aktiviert werden.

Bei diesen beiden Chakras ist es nicht so wichtig wie bei den anderen Chakras, ob man mehr Qualität oder Quantität aktiviert. Wichtig ist, dass man diese überhaupt aktiviert.

Die 7 Hauptchakras im Einzelnen

Schauen wir uns also die 7 Haupt-Chakras bzw. *Energie-Zentren* genauer an.

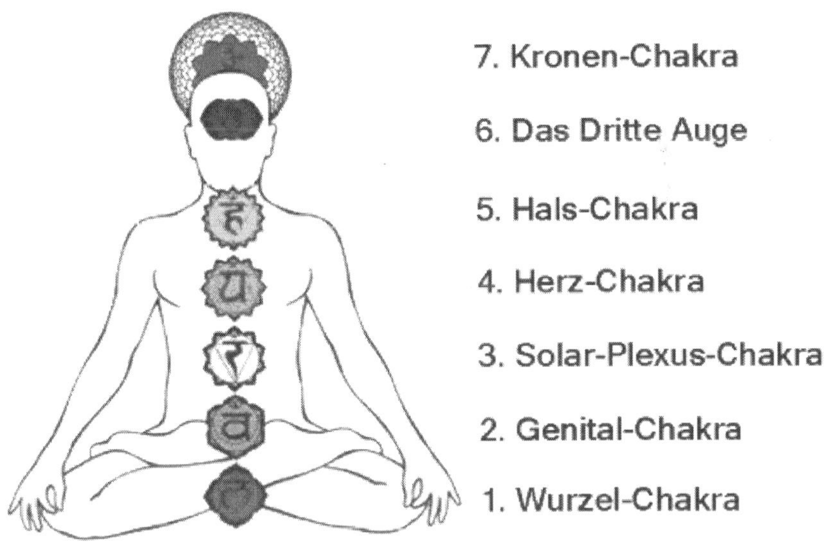

Jedes Chakra hat einen anderen Zweck bzw. ein „Thema", für das es zuständig ist. Wie schon angesprochen, handelt es sich dabei um verschiedene Aspekte des Bewusstseins, die von entsprechenden Gefühlen begleitet werden.

Beispiele:
Die Aktivierung des 2. Chakras gibt uns nicht nur mehr Kreativität, sondern lässt uns alles im Leben sehr viel mehr genießen. Die Aktivierung des 7. Chakras unterstützt nicht nur die komplette Selbstannahme, sondern lässt uns auch Göttlichkeit direkt erfahren und fühlen.

Der Vollständigkeit halber sind weiter unten auch die mit dem jeweiligen Chakra assoziierten Steine und Aromatherapie-Essenzen angegeben. Manche Menschen finden es hilfreich, diese Hilfsmittel bei der Aktivierung oder Reinigung der Chakras zu verwenden.

Unbedingt notwendig sind diese Mittel aber nicht.

Verwendung der Chakra-Steine:

Es kann helfen, den Stein auf das entsprechende Chakra oder in dessen Nähe zu legen und sich dann auf diese Körperregion und das Chakra zu konzentrieren. Sie können den Stein auch auf den Arbeitstisch legen oder mit sich tragen, so dass es für längere Zeit in Ihrem Energie-Feld („Aura“) bleibt.

Aromatherapie zur Chakra-Aktivierung:

Bei der Aromatherapie geht es ebenfalls darum, den Duft auf sich wirken zu lassen. Auch hier ist empfehlenswert, sich auf das entsprechende Chakra bzw. die entsprechende Körperregion zu konzentrieren.

1. Chakra: Wurzel-Chakra

Wo? Das Wurzelchakra befindet sich, wie der Name schon sagt, an der „Wurzel“ des Körpers – am Beckenboden zwischen dem After und Genitalien.

Thema: Sicherheit und Selbstvertrauen.

Die Aktivierung des Wurzel-Chakras gibt uns tiefe und absolute Selbstsicherheit in jeder Lebenssituation.

Damit ist die Aktivierung des Wurzel-Chakras die natürlichste und direkteste Lösung für unsicheres oder ängstliches Verhalten. Damit werden solche Probleme in der Tat „an der Wurzel“ angepackt.

Tipp: Es ist eine gute Idee, bei der Aktivierung der Chakras mit dem Wurzelchakra anzufangen.

In gewisser Hinsicht bauen die Chakras aufeinander auf, so dass die Aktivierung des Wurzelchakras eine bessere und stärkere Aktivierung der folgenden Chakras ermöglicht.

* * *

Wenn das erste Chakra blockiert ist:
- Unsicherheiten
- Ängste und Phobien
- Physischer Körper wird vernachlässigt
- Oftmals zu verkopft

Wenn das erste Chakra aktiviert ist:
- Selbstsicherheit
- Urvertrauen
- Stabilität
- Im physischen Körper präsent sein
- Verbindung zur Erde („Erdung“ oder *grounding*)

Meditationen zur Aktivierung des ersten Chakras

Die Grundmeditation

Die einfachste und direkteste Methode ist, sich für längere Zeit auf die Region des Körpers zwischen After und Genitalien zu konzentrieren. Damit wird die Aufmerksamkeitsenergie in diesen Bereich strömen und das Chakra stärker aktivieren.

Nach einiger Zeit werden Sie anfangen, das Chakra und die Chakra-Energie als Kitzeln, Druck, Wärme, Rotation oder ähnliches in diesem Körperbereich zu spüren. Konzentrieren Sie sich darauf, um das Chakra schneller zu aktivieren und besser zu spüren.

Außerdem werden Sie auch anfangen, die mit dem Chakra assozierten Gefühle zu spüren.

Bei der Aktivierung des ersten Chakras werden Sie also anfangen, tiefe Selbstsicherheit und Selbstvertrauen zu fühlen. Nach der Aktivierung des Chakras sollten Sie sich auf diese Gefühle konzentrieren, um diese positiven Aspekte und Veränderungen in Ihrem Sein noch besser zu verankern.

Meditation: „Wurzeln tief in die Erde"
Bei dieser Meditation kommt die Vorstellungskraft bzw. das Visualisieren zum Einsatz. Man stellt sich vor, dass aus dem Wurzel-Chakra heraus Wurzeln tief in die Erde hinein wachsen und immer tiefer gehen – vielleicht sogar bis zum Mittelpunkt der Erde.

Halten Sie diese Vorstellung solange aufrecht, bis sich in Ihnen ein tiefes Gefühl der Verwurzelung und Standfestigkeit ausdehnt.

Sich Erden
Eine schnelle Methode zur Aktivierung des Wurzelchakras ist, sich auf die Erde oder auf einen großen Stein zu setzen, oder wie bei der Gartenarbeit das Wurzelchakra nah am Boden zu halten.

Bei der Aktivierung des ersten Chakras können auch alle physischen Aktivitäten helfen, wie Sport, Gehen, körperliche Arbeit.

Meditation: „Essenz des ersten Chakras"
Es kann auch sehr hilfreich sein, sich darauf zu konzentrieren, auf welche Weise Sie in Ihrem Leben sicher sind und in welchen Bereichen Sie sich sicher oder selbstsicher fühlen. Das Richten der Aufmerksamkeit auf diese Dinge kann die Aktivierung des Chakras beschleunigen.

Mit Edelsteinen
Rote Steine: Blutjaspis, roter Achat, Rubin, Granat.

Mit Aromatherapie
Aromen: Zeder, Zypresse, Zimt
Räucherstoffe: Myrrhe, Copal

2. Chakra: Genital-Chakra

Wo? Die Vorderseite des zweiten Chakras befindet sich im oberen Bereich der männlichen und weiblichen Geschlechtsorgane, manchmal auch leicht darüber. Die Rückseite des Chakras findet man entsprechend auf gleicher Höhe am Rücken.

Thema: Genuß, Sexualität und Kreativität

Die Aktivierung dieses Chakras lässt uns alles im Leben sehr viel tiefer und stärker genießen und gibt uns mehr Kreativität in jedem Lebensbereich.

* * *

Wenn das zweite Chakra blockiert ist:
- Langeweile
- Antriebslosigkeit
- Sexuelle Störungen

Wenn das zweite Chakra aktiviert ist:
- Kreativität
- Lebenslust
- Alles im Leben genießen

Meditationen zur Aktivierung des zweiten Chakras

Die Grundmeditation
Konzentrieren Sie sich über einen längeren Zeitraum auf den Bereich des zweiten Chakras im oberen Bereich der Genitalien.

Nach einiger Zeit werden Sie anfangen, das Chakra und die Chakra-Energie als Kitzeln, Druck, Wärme, Rotation oder ähnliches in diesem Körperbereich zu spüren. Konzentrieren Sie sich darauf, um das Chakra schneller zu aktivieren und besser zu spüren.

Außerdem werden Sie auch anfangen, die mit dem Chakra assozierten Gefühle zu spüren.

Bei der Aktivierung des zweiten Chakras werden Sie also anfangen, tiefen Genuß und mehr Kreativität zu fühlen. Nach der Aktivierung des Chakras sollten Sie sich auf diese Gefühle konzentrieren, um diese positiven Aspekte und Veränderungen in Ihrem Sein noch besser zu verankern.

Meditation: „Essenz des zweiten Chakras“

Neben der Grundmeditation kann es auch sehr hilfreich sein, sich darauf zu konzentrieren, auf welche Weise Sie in Ihrem Leben kreativ sind und welche Dinge Ihnen im Leben am meisten Genuß bereiten. Das Richten der Aufmerksamkeit auf diese Dinge kann die Aktivierung des Chakras beschleunigen.

Mit Edelsteinen

Orangefarbene Steine: Beryll (orange), Jaspis (orange), Karneol, Citrin, Mondstein (orange).

Mit Aromatherapie

Aromen: Vanille, Orange, Ylang-Ylang
Räucherstoffe: Vanille, Rosenholz

3. Chakra: Solarplexus-Chakra

Wo? Die Vorderseite des dritten Chakras befindet sich etwa 3-4 Finger über dem Bauchnabel, im Bereich des Solarplexus. Die Rückseite in gleicher Höhe am Rücken.

Thema: Kraft und Durchsetzungsvermögen

Die Aktivierung dieses Chakras gibt uns die innere Kraft und das natürliche Durchsetzungsvermögen, um in der Welt effektiv zu sein.

Tipp: Es sind vor allem das zweite und dritte Chakra, die darüber entscheiden, wieviel man verdient, ob man beruflich weiterkommt, etc. Das zweite Chakra liefert dabei vor allem die Kreativität, die im Beruf immer notwendig ist und das dritte Chakra ist verantwortlich für die Schaffenskraft.

Gerade das dritte Chakra ist bei auffallend vielen Menschen das schwächste und von allen Hauptchakras das am meisten blockierte.

* * *

Wenn das dritte Chakra blockiert ist:
- Passivität oder Aggresivität
- Unentschlossenheit
- Verdauungsprobleme

Wenn das dritte Chakra aktiviert ist:
- Natürliche Autorität
- Macht und Schaffenskraft
- Willenskraft

Meditationen zur Aktivierung des dritten Chakras

Die Grundmeditation
Konzentrieren Sie sich über einen längeren Zeitraum auf den Bereich des Solarplexus (3-4 Finger über dem Bauchnabel), wo das dritte Chakra sich befindet.

Nach einiger Zeit werden Sie anfangen, das Chakra und die Chakra-Energie als Kitzeln, Druck, Wärme, Rotation oder ähnliches in diesem Körperbereich zu spüren.

Konzentrieren Sie sich darauf, um das Chakra schneller zu aktivieren und besser zu spüren.

Außerdem werden Sie auch anfangen, die mit dem Chakra assozierten Gefühle zu spüren. Bei der Aktivierung des dritten Chakras werden Sie also anfangen, mehr Macht und Willenskraft zu fühlen.

Nach der Aktivierung des Chakras sollten Sie sich auf diese Gefühle konzentrieren, um diese positiven Aspekte und Veränderungen in Ihrem Sein noch besser zu verankern.

Meditation: „Essenz des dritten Chakras“
Neben der Grundmeditation kann es auch sehr hilfreich sein, sich darauf zu konzentrieren, in welchen Bereichen Sie eine natürliche Autorität haben und wo und auf welche Weise Sie Ihren Willen einsetzen.

Das Richten der Aufmerksamkeit auf diese Dinge kann die Aktivierung des Chakras beschleunigen.

Mit Edelsteinen
Gelbe Steine: Tigerauge, Topas, Bernstein, Turmalin (gelb), Citrin.

Vor allem das Tigerauge ist sehr empfehlenswert. Es hilft auch sehr dabei, sein Einkommen zu erweitern bzw. zu steigern.

Mit Aromatherapie
Aromen: Lavendel, Kamille, Fenchel, Zitrone
Räucherstoffe: Lavendel, Kamille

4. Chakra: Herz-Chakra

Wo? Die Vorderseite des Herzchakras befindet sich in der Brustmitte, in Höhe des Herzens. Die Rückseite in gleicher Höhe am Rücken.

Thema: tiefes Verbundensein (*connection*)

Die Aktivierung dieses Chakras läßt uns spüren, dass wir mit *allem* und mit *allen* zusammenhängen und verbunden sind.

Außerdem wird es viel einfacher, erfüllende Beziehungen und Freundschaften einzugehen oder bestehende Beziehungen entsprechend zu vertiefen.

Mit der Auflösung der Blockaden rund um das Herzchakra wird es auch einfacher, auf das Herz zu hören und der Stimme der Seele *(Höheres Selbst)* zu folgen.

* * *

Ganz allgemein gesagt, schafft das vierte Chakra engere und tiefere Verbindungen. Das gilt nicht nur für Mitmenschen, sondern auch für innere Vorgänge.

So ist das Herzchakra das Verbindungsglied zwischen den unteren Chakras (zuständig für die physische Welt) und den oberen Chakras (zuständig für die energetischen Welten).

Um im täglichen Leben effektiv zu sein und sich in Balance zu fühlen, müssen vor allem die unteren drei Chakras gereinigt und aktiviert sein.

Um der eigenen Spiritualität im täglichen Leben Ausdruck zu verleihen, müssen dagegen alle Chakras zusammenarbeiten: das spirituelle der oberen Chakras wird mit Hilfe des Herzens und der unteren Chakras in der physischen Welt zum Ausdruck gebracht.

* * *

Wenn das vierte Chakra blockiert ist:
- Emotionale Kälte
- Einsamkeit
- Egoismus

Wenn das vierte Chakra aktiviert ist:
- Liebe & Selbstliebe
- Geborgenheit
- Sich als Teil des Ganzen fühlen und sehen
- Einfacherer Aufbau erfüllender Beziehungen

Meditationen zur Aktivierung des vierten Chakras

Die Grundmeditation

Wie auch bei den anderen Chakras muss man die Aufmerksamkeit im Bereich des Herzchakras halten, um es zu aktivieren. Sie können sich auch den Energie-Wirbel in dieser Region vorstellen. Manche Menschen finden das hilfreich.

Nach einiger Zeit werden Sie anfangen, das Chakra und die Chakra-Energie als Kitzeln, Druck, Wärme, Rotation oder ähnliches in diesem Körperbereich zu spüren. Konzentrieren Sie sich darauf, um das Chakra schneller zu aktivieren und besser zu spüren.

Außerdem werden Sie auch anfangen, die mit dem Chakra assozierten Gefühle zu spüren.

Bei der Aktivierung des vierten Chakras werden Sie also anfangen, liebevolle und erfüllende Gefühle zu fühlen. Nach der Aktivierung des Chakras sollten Sie sich auf diese Gefühle konzentrieren, um diese positiven Aspekte und Veränderungen in Ihrem Sein noch besser zu verankern.

Meditation: „Essenz des vierten Chakras"
Neben der Grundmeditation kann es auch sehr hilfreich sein, sich darauf zu konzentrieren, wen oder was Sie besonders lieben. Es kann auch helfen, sich absichtlich als integralen Teil des Ganzen zu sehen. Das Richten der Aufmerksamkeit auf diese Dinge kann die Aktivierung des Chakras beschleunigen.

Mit Edelsteinen
Grüne Steine: Aventurin, Chrysokoll, Jade, Moosachat, Olivin, Saphir, Smaragd

Mit Aromatherapie
Aromen: Rose, Jasmin, Estragon
Räucherstoffe: Rose, Myrte

5. Chakra: Hals-Chakra

Wo? Die Vorderseite des 5. Chakras befindet sich in der Mitte des Halses im Bereich der Kehle (wird auch *Kehlchakra* genannt). Die Rückseite des Chakras befindet sich am Halsrücken.

Thema: Selbstausdruck (*expression*)

Die Aktivierung dieses Chakras hilft uns beim authentischen Selbstausdruck jeglicher Art: Reden, Körpersprache, Tanz, Schreiben, Singen, usw.

* * *

Wenn das fünfte Chakra blockiert ist:
- Schwierigkeiten, sich auszudrücken
- Hemmungen, die eigene Wahrheit auszusprechen

Wenn das fünfte Chakra aktiviert ist:
- Es ist einfach, sich authentisch auszudrücken
- Man erreicht Harmonie durch Gespräche

Meditationen zur Aktivierung des fünften Chakras

Die Grundmeditation
Halten Sie die Aufmerksamkeit auf dem Hals- und Kehlbereich, bis Sie anfangen, dort etwas zu spüren. Konzentrieren Sie sich dann auf dieses neue Gefühl dort, egal ob es ein Kitzeln, Druck, Wärme oder etwas anderes ist.

Außerdem werden Sie auch anfangen, die mit dem Chakra assozierten Gefühle zu spüren.

Bei der Aktivierung des fünften Chakras werden Sie also anfangen zu fühlen, dass es einfach ist, sich in jeglicher Form klar und authentisch auszudrücken.

Nach der Aktivierung des Chakras sollten Sie sich auf dieses Gefühl konzentrieren, um diesen positiven Aspekt und die Veränderungen in Ihrem Sein noch besser zu verankern.

Meditation: „Essenz des fünften Chakras"
Neben der Grundmeditation kann es auch sehr hilfreich sein, sich darauf zu konzentrieren, in welchen Bereichen und welche Arten Sie sich am meisten ausdrücken und wo sich Ihr Selbstausdruck am natürlichsten anfühlt. Das Richten der Aufmerksamkeit auf diese Dinge kann die Aktivierung des Chakras beschleunigen.

Mit Edelsteinen
Hellblaue Steine: Aquamarin, Chalzedon, Chrysokoll und Türkis.

Mit Aromatherapie
Aromen: Eukalyptus, Pfefferminze
Räucherstoffe: Weihrauch, Eukalyptus

6. Chakra: Das Dritte Auge

Wo? Die Vorderseite des Dritten Auges befindet sich zwischen den Augenbrauen oder leicht darüber. Die Rückseite findet man auf gleicher Höhe auf der Schädelrückseite.

Thema: spirituelle Einsicht (*insight*)

Die Aktivierung dieses Chakras erweitert unser Bewusstsein um die Wahrnehmung energetischer Welten und gibt uns tiefe spirituelle Einsicht.

Für Fortgeschrittene:
Um hellsichtige Fähigkeiten zu aktivieren, müssen die Vorder- und Rückseite des sechsten Chakras, sowie das siebte Chakra aktiviert werden. Auch die anderen Chakras sollten dafür nicht blockiert sein, um einen ungehinderten Energie-Fluß zu ermöglichen.

* * *

Wenn das sechste Chakra blockiert ist:
- Starre Denkmuster und limitierende Glaubenssätze
- Leben in einer Phantasiewelt, die oft alptraumhaft ist
- Konzentrations- und Lernschwächen

Wenn das sechste Chakra aktiviert ist:
- Gute Intuition
- Klares Denken
- Man *weiß* Dinge, sogar ohne nachzudenken
- Hellsichtige Fähigkeiten

Meditationen zur Aktivierung des Dritten Auges

Die Grundmeditation

Konzentrieren Sie sich auf den Bereich zwischen den Augenbrauchen oder leicht darüber. Sobald Sie dort etwas Neues spüren, konzetrieren Sie sich darauf – damit konzetrieren Sie sich direkt auf die Chakra-Energie und aktivieren diese noch schneller.

Außerdem werden Sie auch anfangen, die mit dem Chakra assozierten Gefühle zu spüren.

Bei der Aktivierung des sechsten Chakras werden Sie also anfangen zu fühlen, dass Sie alles klarer und tiefer wahrnehmen können. Nach der Aktivierung des Chakras sollten Sie sich auf dieses Gefühl konzentrieren, um diesen positiven Aspekt und die Veränderungen in Ihrem Sein noch besser zu verankern.

Meditation: „Essenz des sechsten Chakras“

Neben der Grundmeditation kann es auch sehr hilfreich sein, sich darauf zu konzentrieren, in welche Bereichen Ihres Lebens Sie Klarheit oder auch eine gute Intuition haben. Das Richten der Aufmerksamkeit auf diese Dinge kann die Aktivierung des Chakras beschleunigen.

Mit Edelsteinen

Dunkelblaue und dunkelviolette Steine: Sodalith, Amethyst, Azurit, Saphir und Fluorit.

Mit Aromatherapie

Aromen: Basilikum, Veilchen, Minze
Räucherstoffe: Basilikum, Aloeholz

7. Chakra: Kronen-Chakra

Wo? Das Kronenchakra befindet sich an der Kopfspitze. Mit genügend Aktivierung kann das Chakra so gross werden, dass es sich wie eine Krone auf dem Kopf anfühlen kann.

Thema: Göttlichkeit (*divinity*)

Die Aktivierung dieses Chakras lässt uns unsere Göttlichkeit direkt erfahren.

* * *

Wenn das siebte Chakra blockiert ist:
- Materialismus
- Gefühl der Sinnlosigkeit und Leere

Wenn das siebte Chakra aktiviert ist:
- Komplette Selbstannahme und Akzeptanz
- Verbindung zu höheren Bewusstseinsebenen
- Innere Harmonie und Frieden
- Spiritualität

Meditationen zur Aktivierung des siebten Chakras

Die Grundmeditation
Auch hier gilt: Konzentrieren Sie sich auf die Kopfspitze bzw. den Mittelpunkt der Schädeldecke. Sobald Sie dort etwas spüren, konzentrieren Sie sich darauf, um das Chakra schneller zu aktivieren.

Außerdem werden Sie auch anfangen, die mit dem Chakra assozierten emotionalen Gefühle zu spüren.

Bei der Aktivierung des sechsten Chakras werden Sie also anfangen, eine Art kosmische Verbindung und Öffnung zu spüren. Auch innerer Frieden und komplette Selbstannahme werden die Aktivierung dieses Chakras begleiten.

Nach der Aktivierung des Chakras sollten Sie sich auf diese Gefühl konzentrieren, um diese positiven Aspekte und Veränderungen in Ihrem Sein noch besser zu verankern.

Meditation: „Essenz des siebten Chakras“

Neben der Grundmeditation kann es auch sehr hilfreich sein, sich darauf zu konzentrieren, auf welche Weise Sie spirituell sind, was Sie für Ihre Spiritualität tun und welche Erfahrungen Sie dabei machen. Das Richten der Aufmerksamkeit auf diese Dinge kann die Aktivierung des Chakras beschleunigen.

Mit Edelsteinen

Weisse bzw. transparente Steine: Phenakit, Bergkristall, Diamant und Herkimer Diamant.

Mit Aromatherapie

Aromen: Rosenholz, Neroli
Räucherstoffe: Sandelholz, Myrrhe

Transpersonale Chakras

Neben den 7 Hauptchakras gibt es auch Transpersonale Chakras. Diese befinden sich in unterschiedlichen Abständen *über* dem Kopf und können ebenfalls aktiviert und gespürt werden.

Die Arbeit mit den Transpersonalen Chakras ist eher für Fortgeschrittene. Am Anfang ist es außerdem am sinnvollsten, nur mit dem *untersten* Transpersonalen Chakra zu arbeiten.

Die Aktivierung der höher gelegenen Transpersonalen Chakras kann nämlich so viel hochvibrierende Energie in den Körper bringen, dass viel zu viel emotionaler und mentaler Ballast gleichzeitig hochkommt und man sich dann für einige Tage komplett überfordert fühlt.

Vor allem die *emotionale Heilung* ist also eine wichtige Voraussetzung, um mit den Transpersonalen Chakras ohne Probleme zu arbeiten.

Seelenstern Chakra

Das *unterste* Transpersonale Chakra befindet sich etwa 4 Finger über dem Kopf. Es wird einfach als Transpersonaler Punkt oder auch als Seelenstern (*SoulStar*) bezeichnet.

Die Aktivierung dieses Chakras kann dabei helfen, mit der eigenen Seele *(Höheres Selbst)* stärker in direkten Kontakt zu kommen.

Warum ist das von Vorteil?

Die Seele bzw. das Höhere Selbst arbeitet hinter den Kulissen in der Welt der Energie, um uns die bestmöglichen Erfahrungen und

Situationen für unsere spirituelle Entwicklung zu bringen.

Ein wichtiger Meilenstein in der spirituellen Entwicklung ist erreicht, wenn man anfängt, mit der eigenen Seele bzw. mit dem Höheren Selbst bewusst zusammen zu arbeiten.

Die Seele hat *sehr viel* mehr Weisheit und Erfahrung aus Tausenden Inkarnationen und auch darüber hinaus. Diese Weisheit der Seele wird erreichbar, je stärker man mit der Seele in bewussten Kontakt tritt.

Die Aktivierung des Seelenstern-Chakras kann dabei helfen.

Eine bewusste Zusammenarbeit mit dem Höheren Selbst kann man auch erreichen, wenn man lernt, der Stimme der Seele zu folgen. Einer der besten und einfachsten Wege dafür ist, dem Herzen zu folgen. Mehr dazu im Kapitel: *Auf das Herz hören lernen.*

Tor zum Universum

Das *oberste* Transpersonale Chakra, auch Tor zum Universum oder *Grand Portal* genannt, befindet sich etwa *einen halben Meter* über dem Kopf. Das oberste Chakra hat die höchste Vibration und ist damit auch am schwierigsten zu aktivieren.

Durch die Aktivierung dieses Chakras kann man das Eins-Sein mit dem gesamten Universum erfahren. Die Erfahrung des universellen Bewusstseins wird von vielen als eine direkte Gott-Erfahrung betrachtet.

Weitere Transpersonale Chakras

Es gibt unterschiedliche Ansichten darüber, wieviele Transpersonale Chakras es gibt. Je nach Tradition reicht die Anzahl von 2 oder 3 bis hin zu 5 oder 6 Transpersonalen Chakras.

Tatsächlich steigt die Energievibration *kontinuierlich* vom untersten zum obersten Transpersonalen Chakra. Dazwischen gibt es keinen abrupten Übergang, sondern man kommt immer mehr von de Energie der Seele zur Energie des Universums je weiter man steigt.

Es scheint eher so zu sein, dass man zuerst mit unterschiedlichen Aspekten der Seele in Verbindung kommt, je weiter man steigt – bis man schließlich die Verbindung zum universellen Bewußtsein ganz oben erreicht.

Aktivierung der Transpersonalen Chakras

Grundmethode

Die Grundmethode zur Aktivierung der Transpersonalen Chakras unterscheidet sich nicht grundlegend von der Aktivierung der anderen Chakras.

Um ein Transpersonales Chakra zu aktivieren, muss man sich auf den Bereich über dem Kopf konzentrieren, wo sich das entsprechende Chakra befindet.

Nach einiger Zeit wird man anfangen, dort Energie zu spüren. Das kann sich je nach Person unterschiedlich anfühlen. Man wird aber auf jeden Fall etwas in dem Bereich über dem Kopf, wo sich das Chakra befindet, spüren.

Schnellere Methode

Es gibt auch eine schnellere Methode zur Aktivierung der Transpersonalen Chakras, die aber etwas Übung erfordert.

Dabei konzentriert man sich zunächst auf das Wurzelchakra und lässt dann die eigene Konzentration am Körper entlang durch alle Chakras und bis zum Transpersonalen Chakra aufsteigen, während man *einatmet*.

Danach hält man den Atem für einige Zeit an und konzetriert sich weiterhin auf das Transpersonale Chakra. Beim Ausatmen lässt man die Energie aus dem Transpersonalen Chakra in und um den Körper herum runterströmen.

Subpersonale Chakras

Auch unterhalb des Körpers, unter den Füßen, gibt es mehrere Chakras. Genauso wie die 7 Haupt-Chakras und die Transpersonalen Chakras befinden sich diese auf einer Linie (genannt Hara-Linie), die in der Mitte des Körpers senkrecht nach oben und unten geht.

Die Subpersonalen Chakras stellen unsere energetische Verbindung zur Erde dar. Die Erd-Energie ist genauso wichtig wie die spirituellen Energien der obersten Chakras. Denn ohne ein solides und stabiles Fundament ist spirituelles Wachstum unmöglich.

* * *

Das ist auch der Grund dafür, warum man bei den 7 Haupt-Chakras mit dem untersten Chakra anfängt und sich dann nach oben arbeitet.

Denn ohne das Fundament der *unteren* Chakras (1., 2. und 3. Chakra) können die Energien der *oberen* Chakras (5., 6., 7. und Transpersonale Chakras) nicht effektiv in unser tägliches Leben integriert werden.

Im schlimmsten Fall führt das zu einer „spirituellen Spaltung", bei der man in Fantasie abgleitet und in seiner spirituellen Entwicklung stecken bleibt.

* * *

Die Aktivierung der Subpersonalen Chakras ist normalerweise nicht so wichtig im Vergleich zu den 7 Haupt-Chakras oder auch den Transpersonalen Chakras über dem Kopf.

Der Grund dafür ist, dass die Arbeit mit dem Wurzel-Chakra zu einem großen Teil die Arbeit mit den Subpersonalen Chakras ersetzt. Es ist also normalerweise auch nicht notwendig, die Subpersonalen Chakras getrennt zu aktivieren.

Die Meditation *„Wurzeln tief in die Erde"*, die wir beim Wurzelchakra angesprochen haben, ist einer der besten Wege, um nicht nur das Wurzelchakra, sondern auch die darunterliegenden Subpersonalen Chakras zu aktivieren.

Grundsätzlich werden bei der Aktivierung des Wurzelchakras auch die Subpersonalen Chakras gut aktiviert.

Nebenchakras

Neben den bereits erwähnten Haupt-Chakras gibt es eine Vielzahl von kleineren Chakras im Körper, so z.B. an den Ellenbogen und Knien, in den Handflächen und Füßen, in den Achselhöhlen, usw. Tatsächlich gibt es hunderte von Klein- und Kleinst-Chakras.

Auch hier ist eine getrennte Aktivierung normalerweise nicht notwendig, denn die Aktivierung der Haupt-Chakras stabilisiert und aktiviert auch die kleineren Chakras im Körper.

Hervorzuheben wäre nur der *Hara Punkt*, der in einigen Traditionen sogar zu den wichtigsten Energie-Zentren gerechnet wird.

Hara Punkt

Der Hara Punkt, auch *Dantien* genannt, befindet sich in der absoluten Mitte des Körpers, etwa einen oder zwei Finger unter dem Bauchnabel.

Insbesondere beim QiGong, bei einigen östlichen Kampfsportarten und auch in der traditionellen chinesischen Medizin spielt dieses Energie-Zentrum eine grosse Rolle.

Der Hara Punkt ist das Zentrum des menschlichen Energie-Felds, wie auch das Gravitationszentrum des Körpers.

Die Konzentration auf den Hara Punkt kann dabei helfen, innere Balance und Stabilität zu finden. Es hat auch eine vitalisierende Wirkung.

Reinigung der Chakras

Während die Aktivierung der Chakras relativ einfach ist und lediglich etwas Zeit und Konzentration erfordert, ist die Reinigung der Chakras mehr oder weniger gleichbedeutend mit emotionaler Heilung und persönlichem Wachstum.

Dementsprechend ist dieser Teil der Chakra-Arbeit der weitaus *schwierigste.*

Die Reinigung der Chakras bedeutet, dass wir unsere emotionalen und mentalen Blockaden auflösen müssen. Konkret bedeutet das vor allem Heilung emotionaler Wunden und Trauma, sowie Auflösung limitierender Glaubenssätze auf der mentalen Ebene.

Dazu gleich mehr.

* * *

Die Reinigung der Chakras ist deshalb so wichtig, weil man ein Chakra nur zu einem gewissen Grad aktivieren kann, solange dieses Chakra mit emotionalem oder mentalem Ballast blockiert wird.

Erst die Reinigung des Chakras oder auch eine *allgemeine* emotionale Heilung und Auflösung mentaler Blockaden führen dazu, dass man das entsprechende Chakra einfacher *und* stärker aktivieren kann.

Die durch die Reinigung ermöglichte stärkere Aktivierung führt wiederum dazu, dass wir noch viel mehr mit dem zu diesem Chakra gehörenden Bewusstseinzustand in Verbindung treten, bzw. zu höheren Bewusstseinzuständen dauerhaft aufsteigen oder gehoben werden.

Das bedeutet beispielsweise, dass eine Reinigung des Wurzel-Chakras dazu führt, dass wir uns dauerhaft und ohne Anstrengung im Zustand der absoluten Selbstsicherheit befinden.

Jede emotionale oder mentale Blockade befindet sich im Einflußbereich von einem der 7 Haupt-Chakras und blockiert damit das entsprechende Chakra und die damit verbundenen Eigenschaften (Selbstsicherheit, Kreativität, Liebe, usw.).

* * *

Wenn wir unsere emotionalen und mentalen Blockaden auflösen, dann ist in dem Moment oftmals nicht klar, *welche* Chakras damit gereinigt werden. Erst im Nachhinein stellt man irgendwann fest, dass bestimmte Chakras nun einfacher zu aktivieren sind – oder dass dieses Chakra nicht mehr so blockiert ist.

Es ist aber auch so, dass die Aktivierung eines Chakras sehr häufig die emotionalen und mentalen Blockaden *dieses* Chakras an die Oberfläche bringt.

Dann kommt beispielsweise emotionaler Schmerz hoch, vielleicht begleitet von Gereiztheit oder tiefer Traurigkeit. Oder unsere Gedanken gleiten ab in negative Gedankenschleifen, deren Ursprung die limitierenden Glaubenssätze sind.

All diese Dinge müssen erkannt und aufgelöst werden.

Normalerweise stellen die emotionalen Blockaden eine größere Herausforderung dar, auch wenn die mentalen Blockaden nicht unterschätzt werden sollten.

1. Mentale Blockaden auflösen

Die grössten mentalen Blockaden sind die limitierenden Glaubenssätze. Jeder von uns hat sie. Es handelt sich um Dinge, von denen wir fast schon felsenfest überzeugt sind, ganz egal ob diese Dinge objektiv gesehen wahr sind oder nicht.

Es ist am besten, die eigenen limitierenden Überzeugungen oder Glaubenssätze herauszufinden und dann aufzulösen.

Das Herausfinden erfordert im Grunde nur aufmerksames Beobachten der eigenen Gedanken während Sie Ihre Chakras aktivieren. Alles Negative, was dabei hochkommt, sollte mit der folgenden Übung aufgelöst und losgelassen werden.

Wie löst man limitierende Überzeugungen auf?

Hier ist ein sehr effektiver Weg, um limitierende Überzeugungen aufzulösen:

Stellen Sie sich für mindestens 5 bis 10 Minuten vor, wie es wäre, wenn Sie so viel Geld hätten, wie Sie wollen, zum Beispiel. Wie würde das aussehen? Wo wären Sie? Was würden Sie tun? Wie würde sich das alles ***anfühlen***?

Möglicherweise müssen Sie diese Übung einige Male wiederholen, um die limitierende Überzeugung oder den Glaubenssatz vollständig zu entfernen.

Bei dieser Übung kann es sehr hilfreich sein, sich sehr konkrete Dinge vorzustellen und zu visualisieren, zum Beispiel auf welche Weise man mehr Geld bekommt oder das Bankkonto mit einer ganz bestimmten Summe.

Man nutzt also die Vorstellungskraft, um sich das Gegenteil von dem vorzustellen, was unsere limitierende Überzeugung aussagt.

Warum funktioniert diese Übung?

Für Ihr Unterbewusstsein macht es keinen Unterschied, ob Sie tatsächlich reich sind oder sich nur vorstellen, reich zu sein. In beiden Fällen macht Ihr Unterbewusstsein die Erfahrung, dass es für Sie tatsächlich möglich ist, reich zu sein.

Damit wird auch der entsprechende limitierende Glaubenssatz („Reichtum ist für mich unmöglich") vollständig aufgelöst.

Die Macht der Vorstellungskraft ist so groß, dass unser Körper und Unterbewusstsein darauf wie auf *tatsächlich stattfindende* Ereignisse reagieren. Diese Tatsache machen wir uns zunutze, um limitierende Glaubenssätze mit der Vorstellungskraft zu überwinden.

Wissenschaftliche Studie über Vorstellungskraft

Die beinahe unglaubliche Wirksamkeit der Vorstellungskraft wurde auch in wissenschaftlichlichen Studien untersucht und bestätigt.

In einer solchen Studie gab es drei Gruppen:

Die *erste* Gruppe tat gar nichts, die *zweite* Gruppe trainierte im Fitness-Studio und die *dritte* Gruppe nutzte nur die Vorstellungskraft.

Die dritte Gruppe trainierte also nicht, sondern setzte nur die Vorstellungskraft ein, um ein Training im Fitness-Studio zu visualisieren.

Das überraschende Ergebnis:

Während es bei der ersten, nichtstuenden Gruppe erwartungsgemäß keine Veränderungen gab, nahm nicht nur die Stärke der *tatsächlich* trainierenden zweiten Gruppe um 30% zu.

Auch die Stärke der dritten Gruppe, die *nur* die Vorstellungskraft einsetzte, nahm um ganze 22% zu!

Quelle: Journal of Neuropsychology, 67(5), 114 – 1123.

Klarer und ruhiger Verstand oder negatives Geschwätz im Kopf?

An dieser Stelle sollte auch erwähnt werden, dass es eine weitere, extrem weit verbreitete mentale Blockade gibt, die fast jeder Mensch hat. Dabei handelt es sich um das ständige negative Gerede im eigenen Kopf (interner Dialog).

Dieses Geschwätz im Kopf hat einen ähnlichen negativen Effekt wie limitierende Überzeugungen, indem es unsere Aufmerksamkeit unnötig auf negative Dinge fokussiert und unsere Energie vergeudet.

Der Grund dafür, dass wir nicht ausführlicher über dieses negative mentale Geschwätz sprechen, ist, dass es grösstenteils auf den limitierenden Überzeugungen basiert. Je mehr Sie also diese Überzeugungen verändern oder loslassen, desto einfacher wird es, nicht in solche negativen Selbstgespräche zu verfallen.

Was außerdem enorm zur Klarheit und Ruhe im Verstand beiträgt ist *emotionale* Heilung.

2. Emotionale Blockaden auflösen

Was sind emotionale Blockaden?

Bei den emotionalen Blockaden handelt es sich um schmerzhafte Verletzungen auf der Gefühlsebene. Sehr häufig werden die emotionalen Wunden von aufgestauten Emotionen wie Wut oder Trauer „verdeckt".

Die meisten emotionalen Verletzungen entstehen in der frühen Kindheit, wenn die emotionalen Bedürfnisse eines Kleinkindes nach Liebe, Aufmerksamkeit und Zuneigung von den Eltern nicht ausreichend erfüllt werden.

Diese emotionalen Verletzungen und Traumatisierungen können durch verschiedene Formen der (Selbst-)Therapie geheilt werden. Die besten uns bekannten Selbsttherapie-Übungen zur Heilung emotionaler Wunden sind im nächsten Kapitel ausführlich beschrieben.

Niemand hat eine perfekte Kindheit und somit hat jeder mehr oder weniger starke emotionale Verletzungen. Die meisten von uns können sich an die Ursachen der emotionalen Wunden kaum erinnern.

Das liegt nicht nur daran, dass diese in der frühen Kindheit stattfanden, sondern auch weil wir diese sehr unangenehmen Erfahrungen und den Schmerz ins Unterbewusstsein verdrängt haben.

Das Problem ist nur, dass das Verdrängen niemals dauerhaft funktioniert!

Die emotionalen Verletzungen kommen zwangsläufig immer wieder hoch und machen unser Leben zur Hölle, bis wir sie hoffentlich irgendwann heilen.

Außerdem wirkt die Schicht der verdrängten emotionalen Wunden wie eine Barriere, die den Zugang zu den tieferen, spirituellen Ebenen (Seele, Transzendenz) blockiert.

Wie fühlt sich eine emotionale Wunde an?

Es ist nicht ganz einfach zu beschreiben, wie sich eine emotionale Wunde anfühlt. Unterschiedliche emotionale Wunden fühlen sich unterschiedlich an. Allen Wunden gemeinsam ist, dass sich diese unangenehm bis sehr unangenehm anfühlen.

Emotionale Wunden können sich anfühlen wie:

- emotionaler Schmerz in verschiedenen Formen und „Farbgebungen"
- ein Gefühl tiefer Hoffnungslosigkeit oder Einsamkeit
- eine Art emotionales Loch, das verzweifelt geliebt, akzeptiert oder anerkannt werden möchte

Es ist hilfreich, den Schmerz der emotionalen Wunden möglichst klar von anderen unangenehmen Gefühlen zu unterscheiden.

Wie heilt man emotionale Wunden?

Emotionale Wunden kann man nur durch Selbstliebe heilen. Genauer gesagt sind es drei verschiedene *Gefühle* in uns selbst, die emotionale Wunden heilen:

Liebe, Akzeptanz und Anerkennung.

Diese drei Gefühle sind verschiedene Formen der Selbstliebe. Wir kommen noch darauf zu sprechen, wie man diese Gefühle am einfachsten findet.

Warum führen gerade diese drei Gefühle zur emotionalen Selbstheilung?

Der Grund dafür ist, dass jede emotionale Verletzung durch *zu wenig* Liebe, Akzeptanz oder Anerkennung durch Eltern oder Betreuer in der frühen Kindheit entstand.

Kinder haben ein natürliches Bedürfnis nach Liebe, Akzeptanz und Anerkennung. Diese Bedürfnisse können nur von den Eltern oder anderen Erwachsenen erfüllt werden.

Wenn die emotionale Wunde in der Kindheit aber erstmal entstanden ist, so kann man diese nur noch selber als Erwachsener heilen – ob in Selbsttherapie oder mit Unterstützung eines guten Therapeuten.

* * *

Emotionale Wunden heilt man also, indem man sich selbst Liebe, Akzeptanz oder Anerkennung gibt – je nachdem welcher Mangel die Wunde ursprünglich verursacht hat.

Im Klartext: man muss das Gefühl der Liebe, Akzeptanz oder Anerkennung finden und zu der gerade schmerzenden, verletzten Stelle in sich selbst bringen.

Wunden sind einen Großteil der Zeit verdrängt. Man kann aber nur solche Wunden heilen, die gerade „hochgekommen“ sind und schmerzen – also nicht mehr verdrängt sind.

Es kann große Unterschiede geben im Zeitaufwand, der nötig ist, um eine Wunde zu heilen. Manchmal reichen einpaar Minuten oder weniger. Bei größeren Wunden muss man das Gefühl der Liebe, Akzeptanz oder Anerkennung auch schon mal 10 oder 15 Minuten an der schmerzenden Stelle halten, um diese vollständig zu heilen.

Wie weiß man ob eine Wunde Liebe, Akzeptanz oder Anerkennung braucht, um zu heilen?

Meistens muss man es einfach ausprobieren, indem man Liebe, Akzeptanz und Anerkennung nacheinander zu der verletzten Stelle bringt. Wenn es das „falsche" Gefühl ist, das Sie zu der verletzten Stelle bringen, wird sich an dem Schmerz nichts ändern.

Wenn Sie aber das „richtige" Gefühl zu der verletzten Stelle bringen, so wird dieses Gefühl der Liebe, Akzeptanz oder Anerkennung sofort spürbar anfangen, den Schmerz zu lindern. Dann müssen Sie dieses heilende Gefühl nur noch so lange bei der Wunde halten, bis die schmerzende Verletzung vollständig geheilt ist.

Aufgestaute Emotionen

Erschwerend kommt hinzu, dass die verletzten Stellen oft von intensiven, aufgestauten Emotionen wie Wut oder tiefer Trauer sozusagen „verdeckt" sind. Man kann die dahinterliegende Wunde erst dann heilen, nachdem die Emotion verarbeitet worden ist.

Die besten Methoden, um negative Emotionen schnell zu verarbeiten sind im folgenden Kapitel beschrieben.

Ganz allgemein gesagt werden aufgestaute Emotionen erst dann verarbeitet, wenn man sich *absichtlich* erlaubt, diese zu fühlen.

Solange Sie die aufgestaute, unangenehme Emotion unterdrücken, kann diese nicht verarbeitet und losgelassen werden.

Die Unterdrückung der unangenehmen Gefühle ist eine automatische Reaktion, die wir in der Kindheit gelernt haben. Damals war es ein wichtiger Schutzmechanismus, weil man als Kind manche Dinge und Verletzungen einfach nicht verarbeiten kann.

Als Erwachsene sind wir dagegen in der Lage, *alles* zu verarbeiten – inklusive all der aufgestauten Emotionen und schmerzenden Verletzungen.

Gefühle der Selbstliebe finden

Eine weitere Herausforderung ist sicherlich das Finden der Gefühle der Liebe, Akzeptanz und Anerkennung in sich selbst, um die emotionalen Wunden zu heilen.

Weil es so wichtig ist, finden Sie im nächsten Kapitel gleich zwei Übungen mit verschiedenen Methoden, um die Gefühle der Liebe, Akzeptanz und Anerkennung in sich selbst zu finden.

* * *

Emotionale Heilung ist nicht ganz einfach, hat aber auch enorme Vorteile. Ein großer Vorteil ist ein angenehmeres Leben und viel weniger Leiden.

Auf einer tieferen Ebene wird es durch emotionale Heilung möglich, mit der eigenen Seele (Höheres Selbst) in Kontakt zu kommen. Dadurch wird es einfacher, auf das Herz zu hören, besser zu manifestieren und beim spirituellen Wachstum voranzukommen.

Dazu sollte man wissen, dass man mit der eigenen Seele vor allem auf der *emotionalen* Ebene in Kontakt kommt und nicht so sehr auf der *mentalen* Ebene.

Tiefe Erfüllung, auf das Herz hören oder auch das Gefühl, eine Bestimmung zu haben – all das kommt von der Seele und man erfährt es auf der emotionalen Ebene.

Je mehr Sie Ihre emotionalen Ebene heilen, desto mehr können Sie in direkten Kontakt mit Ihrer Seele kommen, was von wundervollen Gefühlen begleitet wird.

Emotionale Heilung

In diesem Kapitel finden Sie Selbsttherapie-Übungen, um emotionale Wunden zu heilen.

Als erstes fassen wir den Prozess der emotionalen Heilung in 3 Schritten zusammen. Anschließend finden Sie die folgenden drei Übungen:

Übung 1: *Zulassen & Loslassen*
Übung 2: *Selbstliebe 1*
Übung 3: *Selbstliebe 2*

Emotionale Heilung in 3 Schritten

1. Schritt: Zulassen und Fühlen von aufgestauten Emotionen

Normalerweise hilft es am meisten, zuerst all die unangenehmen Gefühle zu verarbeiten. Eine sehr schnelle Methode dazu ist die Übung *Zulassen & Loslassen*.

Ganz allgemein gesprochen wird man die unangenehmen Gefühle und aufgestauten Emotionen erst dann los, wenn man diese nicht mehr unterdrückt. Das Unterdrücken der unangenehmen Gefühle führt nur dazu, dass man sich *noch schlechter* fühlt.

Depression ist ein direktes Resultat des Unterdrückens von Gefühlen, die man zulassen und verarbeiten sollte.

Es kann sich zwar für kurze Zeit unangenehm anfühlen, Gefühle wie Angst, Trauer, Wut oder Einsamkeit zuzulassen und dann loszulassen.

Vergleichen Sie das aber mit der Alternative: Weiterleiden unter unangenehmen Gefühlen, da das Unterdrücken nicht wirklich funktioniert und das Ganze nur noch schlimmer macht (Stichwort: Depression).

Um ein unangenehmes Gefühl zu verarbeiten, müssen Sie es also zuerst für kurze Zeit in Ihre Gefühlswelt reinlassen. Erst wenn Sie das Gefühl für mindestens mehrere Sekunden zugelassen haben, kann es wirklich losgelassen werden.

2. Schritt: Das Loslassen von negativen Emotionen

Der Schritt des Loslassens ist nicht so einfach zu erklären, auch wenn er bei der Durchführung nicht wirklich kompliziert ist. Im Grunde ist das Loslassen ganz einfach eine Entscheidung. Sie entscheiden sich, das gerade zugelassene Gefühl loszulassen. Natürlich reicht es nicht, es nur im Kopf zu entscheiden, sondern Sie müssen es in Ihrem Inneren auch willentlich umsetzen und das Gefühl *loslassen.*

Es empfiehlt sich auf jeden Fall, zuerst leichtere Gefühle loszulassen und sich erst dann zu den schwierigsten vorzuarbeiten. Mehr Tipps zum Loslassen finden Sie in der Übung *Zulassen & Loslassen.*

Nehmen Sie sich für diesen ersten Schritt genügend Zeit. Gerade in der Anfangsphase braucht man pro Tag durchaus mindestens 1-2 Stunden, um die gerade vorhandenen negativen Gefühle zu verarbeiten und sich besser zu fühlen.

3. Schritt: Emotionale Wunden heilen mit Selbstliebe

Sobald Sie einige unangenehme Gefühle durch *Zulassen & Loslassen* verarbeitet haben, ist es am besten nun den „freigelegten" emotionalen Schmerz zu heilen (emotionale Wunden).

Eine große Hilfe dabei ist, dass man nach dem Zulassen & Loslassen der unangenehmen Gefühle fast immer *automatisch* anfängt, angenehme und heilende Gefühle zu spüren.

Schauen Sie also nach dem Loslassen, ob Sie irgendwelche neuen, leichteren, angenehmen Gefühle in sich spüren. Das angenehme Gefühl kann anfangs schwach und relativ schwierig zu finden sein. Sobald Sie es aber haben, halten Sie es für mindestens einpaar Minuten und lassen Sie das Gefühl dadurch stärker werden.

Wenn Sie das neue Gefühl stärker werden ließen, können Sie es dazu einsetzen, die „freigelegte" emotionale Wunde zu heilen. Mehr dazu in den Übungen *Selbstliebe 1* und *Selbstliebe 2*.

Die ersten beiden Schritte, das Zulassen und Loslassen unangenehmer Gefühle, sind wie die *Reinigung der Wunde*. Der dritte Schritt, Gefühle der Selbstliebe, ist wie eine Salbe, die auf die Wunde aufgetragen wird und die Heilung um ein Vielfaches beschleunigt.

Zum Glück braucht das Heilen einer *emotionalen* Wunde nicht so viel Zeit wie *physische* Wunden. Während die Reinigung der Wunde (Zulassen und Loslassen unangenehmer Gefühle) zwischen einigen Minuten und mehreren Stunden dauern kann, dauert die Heilung der Wunde mit Selbstliebe normalerweise nur etwa 2 bis 15 Minuten.

Nach der Heilung einer Wunde werden Sie in ganz unterschiedlichen Situationen merken, dass Sie nun klar, entspannt und anwesend bleiben können. Das, was früher negative Emotionen und sogar emotionalen Schmerz hervorgebracht hätte, wird einfach keine solchen Auswirkungen auf Sie haben.

Übung 1: Zulassen & Loslassen

Die folgende Übung dient dazu, unangenehme Gefühle loszulassen und die dahinterliegenen emotionalen Verletzungen freizulegen. Diese können dann im nächsten Schritt mit Gefühlen der Selbstliebe geheilt werden.

1. Entspannen Sie sich.

2. Holen Sie mehrmals tief Luft. Das signalisiert Ihrem Unterbewußtsein, dass Sie etwas ändern möchten.

3. **Zulassen**:

- Fangen Sie damit an, ein unangenehmes Gefühl, das Sie im Moment stört, zuzulassen.

- Erlauben Sie sich, das unangenehme Gefühl *für sehr kurze Zeit* wirklich vollständig zu fühlen. Geben Sie dem Gefühl etwas Platz in Ihrer Gefühlswelt, lassen Sie es mehr „Raum“ einnehmen. Akzeptieren Sie das Gefühl.

- Nur wenn Sie das Gefühl für mindestens 5-10 Sekunden zugelassen haben und nicht mehr blockieren oder unterdrücken, kann dieses losgelassen werden.

- Gerade die schwierigeren Gefühle können sich schrecklich anfühlen, aber das *kurzzeitige* Öffnen und Zulassen ist notwendig für das Loslassen.

- Denken Sie immer daran, dass dies der schnellste Weg ist, um diese störenden Gefühle loszuwerden und mit der eigenen Selbstliebe in Kontakt zu kommen.

4. **Loslassen**:

- Der Schritt des Loslassens ist nicht so einfach zu erklären, auch wenn er bei der Durchführung nicht wirklich kompliziert ist. Im Grunde ist das Loslassen ganz einfach eine Entscheidung. Sie entscheiden sich, das gerade zugelassene Gefühl loszulassen. Nat??rlich reicht es nicht, es nur im Kopf zu entscheiden, sondern Sie müssen es in Ihrem Inneren auch willentlich umsetzen und das Gefühl *loslassen.*

- Anders ausgedrückt: Wir halten die unangenehmen Gefühle immer unbemerkt mit unserem Willen fest. Um das unangenehme Gefühl loszuwerden, muss man also aufhören, es mit dem Willen festzuhalten. Sobald Sie dieses Festhalten auch nur ein Stück loslassen, wird das unangenehme Gefühl anfangen, sich völlig natürlich aufzulösen.

- Da ein solches direktes Loslassen aber am Anfang etwas schwierig sein kann, gibt es auch einige Hilfsmittel, die das Loslassen erleichtern. Dazu gehören die *Atmung*, der Einsatz der *Vorstellungskraft* und das Beantworten von *Fragen.*

- **Loslassen mit Hilfe der Atmung:**
  - Nutzen Sie das Einatmen als Hilfe beim Zulassen und das Ausatmen als Hilfe beim Loslassen.
  - Gerade das Ausatmen ist ein natürliches Loslassen des Körpers und kann beim Loslassen von Gefühlen helfen.
  - Lassen Sie das Gefühl so viel Sie können *zu* während Sie einatmen.
  - Lassen Sie das Gefühl so viel Sie können *los* während Sie ausatmen.

- **Loslassen mit Hilfe der Vorstellungskraft:**

- Nachdem Sie das unangenehme Gefühl zugelassen haben und es halten, stellen Sie sich einen breiten Fluß vor, der durch Sie hindurch und aus Ihnen hinaus fließt.
- Stellen Sie sich vor, das unangenehme Gefühl in diesen Fluß zu legen und davonschwimmen zu sehen. Je weiter es davonschwimmt, desto mehr lassen Sie das Gefühl los. Bis es irgendwann ganz weg ist.

- **Loslassen mit Hilfe von Fragen:**
  - Während Sie das unangenehme Gefühl halten, stellen Sie sich folgende Fragen. Oft ist es hilfreich, jemand anderen die Fragen stellen zu lassen.
  - Das Beantworten der Fragen mit „ja" hilft dabei, den Willen zu aktivieren und dazu einzusetzen, das unangenehme Gefühl loszulassen.
  - Frage: „Will ich dieses Gefühl loslassen?"
  - Frage: „Kann ich dieses Gefühl vielleicht *irgendwann* loslassen?"
  - Frage: „Kann ich dieses Gefühl *jetzt* loslassen?"
  - Frage: „Kann ich dieses Gefühl jetzt nur *für ganz kurze Zeit* loslassen?" (Das Loslassen ist dann trotzdem komplett.)

Hinweise zur Übung:

- Bei größeren Emotionen ist es schwierig, alles auf einmal loszulassen. Diese müssen Sie „häppchenweise" wiederholt zulassen & loslassen.

- Das Zulassen & Loslassen funktioniert am besten, wenn Sie zuerst „leichtere" Emotionen zulassen und loslassen und erst dann anfangen, sich den schwierigeren Sachen zu öffnen.

- Schon der erste Schritt, das Zulassen, verarbeitet einen Teil der Emotionen und macht diese kleiner und schwächer.

- Es ist völlig unmöglich „zu viel“ oder „das Falsche“ loszulassen. So paradox es sein mag: durch das Loslassen positiver Gefühle werden diese *nur noch stärker* und alles störende und unangenehme ist nach dem Loslassen einfach nur weg. Unser Körper weiß am besten, welche Dinge es braucht, um in natürlicher mentaler, emotionaler und physischer Balance zu sein. Sobald Sie etwas loslassen, geben Sie dem Körper sozusagen die Entscheidung, ob etwas behalten werden soll oder weg muss, weil es die Balance stört oder sogar schädlich ist.

- Diese Übung eignet sich hervorragend dazu, negative *Gedanken* loszulassen. Der einzige Unterschied ist, dass Sie statt unangenehmer Gefühle negative Gedanken oder Gedankengänge zulassen und dann loslassen. Manche finden es sogar leichter, mit dieser Übung Gedanken loszulassen. Andere finden, dass das Gefühle-Loslassen leichter ist.

- Lassen Sie sich von der Einfachheit der Übung nicht täuschen! Wiederholt angewendet ist es DIE effektivste Methode, um jede Form der Negativität zu beenden und in Balance zu sein.

- Nach dieser Übung empfiehlt es sich, die Übung *Selbstliebe 1* durchzuführen. Diese Übungen gehören zusammen. Im Grunde ist Selbstliebe der notwendige nächste Schritt nach dem Zulassen und Loslassen, um emotionale Verletzungen, die sehr oft unter den unangenehmen Emotionen versteckt sind, zu heilen.

Übung 2: Selbstliebe 1

Mit dieser Übung können Sie Gefühle der Selbstliebe finden und damit emotionale Wunden heilen. Wenden Sie diese Übung gleich nach der *Zulassen & Loslassen* Übung an.

1. **Entspannen Sie sich.** Gerade bei dieser Übung hilft es enorm, entspannt zu sein.

2. **Gefühle der Selbstliebe finden:**

- Diese Übung basiert auf der Tatsache, dass man nach dem Zulassen & Loslassen der unangenehmen Gefühle fast immer *automatisch* anfängt, angenehme und heilende Gefühle zu spüren.

- Schauen Sie also nach dem Loslassen, ob Sie irgendwelche neuen, leichteren, angenehmen Gefühle in sich spüren.

- Das angenehme Gefühl kann anfangs schwach und relativ schwierig zu finden sein. Sobald Sie es aber haben, halten Sie es für mindestens einpaar Minuten und lassen Sie das Gefühl dadurch stärker werden.

- Das neue Gefühl, das wir suchen, ist immer eine Variation der Selbstliebe. Deswegen suchen wir Gefühle, die sich anfühlen wie *liebevolle* Leichtigkeit, *liebevolle* Freude, *liebevoller* Frieden oder auch direkt das Gefühl der Liebe, Akzeptanz oder Anerkennung – die drei Formen der Selbstliebe, die verschiedene Wunden heilen.

- Da es hier um die Heilung von *emotionalen* Wunden geht, suchen wir heilende Gefühle auf der *emotionalen* Ebene – also keine physischen Gefühle des Körpers, wie physische

Entspannung, physisches Wohlsein, und so weiter.

3. Emotionale Wunden heilen:

- Nachdem Sie das neue, angenehme Gefühl für einige Minuten gehalten haben und stärker werden ließen, sind Sie bereit für den nächsten Schritt: das Heilen der emotionalen Wunden.

- Oft ist es genug, das neue, angenehme Gefühl für mindestens 10-20 Minuten zu halten, um viele der schmerzenden emotionalen Verletzungen zu heilen.

- Effektiver ist es, das neue, angenehme Gefühl und die verletzte, schmerzende Stelle *gleichzeitig* zu spüren. Damit bringen Sie Selbstliebe und die Verletzung zusammen, so dass diese unmittelbar und schneller heilen kann.

- Mit anderen Worten, auch wenn Sie ein Gefühl der Selbstliebe spüren und halten, so kann es dennoch sein, dass Sie die verletzte, schmerzende Stelle mit dem Willen blockieren und verdrängen. Damit kann aber keine Heilung stattfinden.

- Das angenehme Gefühl der Selbstliebe, das automatisch nach dem Loslassen eines unangenehmen Gefühls hochkommt, ist meist *genau die richtige* Form der Selbstliebe, um die Verletzung unterhalb des unangenehmen Gefühls zu heilen. Sie müssen nur noch dieses Gefühl der Selbstliebe und die schmerzende Stelle zusammenbringen, damit die Heilung stattfinden kann.

- Am besten ist es, *zuerst* das angenehme Gefühl stärker werden zu lassen und erst dann anzufangen, die schmerzende Stelle *ebenfalls* zu fühlen. Sie werden merken, dass das angenehme Gefühl sofort anfängt die schmerzende Stelle zu heilen, sobald

Sie sich erlauben die schmerzende Stelle ebenfalls zu spüren.

- Je nach Größe der emotionalen Wunde müssen Sie das Gefühl der Selbstliebe zwischen 2 und 15 Minuten an der Wunde halten, um diese vollständig zu heilen.

Hinweise zur Übung:

- Das automatisch auftauchende angenehme Gefühl ist der *schnellste* Weg, um genau das *passende* Gefühl zu finden für die Heilung der schmerzenden Wunde unterhalb des losgelassenen, unangenehmen Gefühls.

- Das Gefühl der Liebe hat viele Variationen (liebevolle Freude, liebevolle Leichtigkeit, liebevoller Frieden). Die Gefühle der Selbst-Akzeptanz und Selbst-Anerkennung, die ebenfalls manche Wunden heilen, variieren nicht so stark darin, wie sie sich anfühlen. Meistens fühlt sich Akzeptanz ungefähr gleich an. So ist es auch bei dem Gefühl der Anerkennung.

Übung 3: Selbstliebe 2

Diese Übung ist eine Alternative zu der Übung *Selbstliebe 1*. Hier finden Sie weitere Methoden, um Gefühle der Selbstliebe zu finden und damit emotionale Wunden zu heilen.

Um eine emotionale Verletzung zu heilen, muss diese zuerst *„freigelegt"* sein, denn sehr oft ist der emotionale Schmerz der Wunden versteckt hinter aufgestauten Emotionen wie Trauer oder Wut. Für diese Emotionen empfehlen wir die Übung *Zulassen & Loslassen*.

1. Entspannen Sie sich. Damit werden Sie offener für Ihre Gefühle.

2. Gefühle der Selbstliebe finden:

a) **Erste Methode,** um Gefühle der Selbstliebe zu finden:

- Die *direkteste* Methode, um ein bestimmtes Gefühl zu finden, ist es, die Gefühlsbezeichnung (z.B. „Liebe" oder „geliebt sein") als Sprungbrett zu benutzen, um sich an das Gefühl zu *erinnern* und es wieder zu fühlen.

- Konzentrieren Sie sich auf die Bezeichnung oder Beschreibung und schauen Sie, ob Sie anfangen, das entsprechende Gefühl wieder zu fühlen. Geben Sie sich dafür mindestens 1 bis 2 Minuten Zeit.

- Sobald Sie das Gefühl auch nur schwach fühlen, *halten* Sie es und lassen Sie es dadurch stärker werden.

o Sprungbrett-Wörter, um das Gefühl der Liebe zu finden: „Liebe",

„geliebt sein", „Liebe spüren", „ich liebe mich", „ich werde geliebt".

- Sprungbrett-Wörter, um das Gefühl der Akzeptanz zu finden: „ich fühle Akzeptanz für mich selbst", „Gefühl des Akzeptiert-Seins", „ich fühle mich völlig akzeptiert", „Selbst-Akzeptanz fühlen".

- Sprungbrett-Wörter, um das Gefühl der Anerkennung zu finden: „ich tue das richtige", „ich fühle mich anerkannt", „Gefühl des Gelobt-Werdens".

b) **Zweite Methode,** um Gefühle der Selbstliebe zu finden:

- Eine weitere sehr effektive Methode, um das Gefühl der Liebe zu finden, ist es, sich an Personen, Dinge oder Orte zu erinnern, die Sie ohne Vorbehalt lieben. Konzentrieren Sie sich dann auf dieses liebevolle Gefühl.

- Beispiele: eine nahe Person, ein Haustier, ein bestimmter Ort, eine Tätigkeit oder Hobby, vielleicht sogar ein besonderer Gegenstand.

- Analog dazu kann man Gefühle der Akzeptanz und Anerkennung finden, indem man sich an Personen, Dinge oder Tätigkeiten erinnert, die man komplett akzeptiert oder für die man tiefe Anerkennung empfindet.

3. Emotionale Wunden heilen:

- Manche Wunden werden durch das Gefühl der *Liebe* geheilt, manche durch das Gefühl der *Akzeptanz* und wieder andere Wunden nur durch das Gefühl der *Anerkennung*.

    - Heilung funktioniert nur durch das Zusammenbringen von heilenden Gefühlen und der verletzten, schmerzenden Stelle.

- Während Sie also das heilende Gefühl der Liebe, Akzeptanz oder Anerkennung halten, erlauben Sie sich, auch die emotional schmerzhafte Stelle stärker zu fühlen.

- Wie schon erwähnt, geht die Heilung bei manchen Wunden relativ schnell, während es bei anderen, größeren Wunden auch schon mal 5, 10 oder 20 Minuten dauern kann, bis die schmerzende emotionale Verletzung vollständig verheilt ist und Sie nicht mehr belästigt.

- Ob Liebe, Akzeptanz oder Anerkennung Ihren derzeitigen Schmerz heilt, kann man nur durch Ausprobieren herausfinden. Es empfiehlt sich, mit dem Gefühl der Akzeptanz anzufangen, weil dieses Gefühl auch dabei hilft, sich gegenüber der schmerzhaften Stelle zu öffnen und diese zuzulassen.

- Was ist der Unterschied zwischen Akzeptanz und Anerkennung? Bei der Akzeptanz geht es darum, *wie man **ist***. Bei der Anerkennung geht es darum, *was man **tut***. Generell ist das Gefühl der Akzeptanz eine Art komplettes Willkommen-Sein. Die Anerkennung dagegen ist das Gefühl der Würdigung und des Gut-Heißens von dem was man tut oder getan hat.

Hinweise zur Übung:

- Für den Erfolg dieser Übung ist es wichtig, möglichst keine Gefühle zu blockieren. Denn wenn Sie auch nur ein Gefühl blockieren (egal welches), blockieren Sie damit alle Gefühle, auch die der Selbstliebe.

- Das Blockieren der unangenehmen Gefühle geschieht meist „auf Autopilot“, als eine gelernte Reaktion aus der Kindheit. Solange Sie unangenehme Gefühle automatisch mit Ihrem

Willen blockieren oder unterdrücken, ist es schwer, Gefühle der Selbstliebe zu finden.

- Daher empfiehlt es sich, die störenden Gefühle zunächst mit der *Zulassen & Loslassen* zu verarbeiten, um dann bereit und offen zu sein für Gefühle der Selbstliebe.

Auf das Herz hören lernen

Dieses Kapitel beinhaltet eine einfache, praktische Anleitung, mit der Sie lernen können, auf das Herz zu hören.

Manche nennen es die Entwicklung der Intuition, aber es ist viel mehr als das. Auf das Herz hören ist nichts anderes als *der eigenen Seele zuzuhören.* Nur wer lernt, dem eigenen Herzen zu folgen, kann wahre Erfüllung und Selbstverwirklichung im Leben finden.

Statt auf das Herz zu hören, treffen die meisten von uns Entscheidungen basierend auf dem Verstand. Doch die eigene wahre Bestimmung kann nicht durch Nachdenken herausgefunden werden. Der Verstand ist dafür ganz einfach nicht in der Lage.

Die Seele kennt unsere wahre Bestimmung und führt uns immer in die richtige Richtung – die Richtung der tiefen Erfüllung und kompletten Selbstverwirklichung.

Wir müssen nur lernen, der Seele richtig zuzuhören.

Die Seele kommuniziert mit uns auf unterschiedlichen Wegen. Der direkteste und einfachste Weg ist durch die "Stimme des Herzens".

Wie lernt man, auf das Herz zu hören?

Auf das Herz zu hören und der Stimme des Herzens zu vertrauen erfordert Übung. Es ist hilfreich, damit anzufangen, die Aufmerksamkeit auf der Herzgegend zu halten. Damit lernen Sie, für die dort vorhandenen subtilen Gefühle offen zu sein.

Wenn Sie eine große oder kleine Entscheidung treffen wollen, achten Sie darauf, welches Gefühl Sie in der Herzgegend verspüren. Normalerweise ist dieses Gefühl ziemlich 'leise', so dass es anfangs schwer zu erkennen sein kann – insbesondere wenn zur gleichen Zeit ‚laute' negative Emotionen vorhanden sind.

Das 'leise' Gefühl in der Herzgegend kann sich entweder angenehm und positiv anfühlen; damit sagt das Herz, dass Sie die richtige Entscheidung treffen. Falls das Gefühl in der Herzgegend sich dagegen „leer" oder „stumpf" anfühlt, ist die Entscheidung falsch und wird keinerlei Erfüllung bringen.

Es ist sehr wichtig, immer wieder nachträglich festzustellen, dass die Stimme des Herzens einen *immer* in die richtige Richtung geführt hat. Diese wiederholte Bestätigung lehrt uns, dieser leisen Stimme des Herzens zu vertrauen.

Die Seele lügt niemals und führt uns immer in die bestmögliche Richtung im Leben.

Meine persönliche Erfahrung

Nach meiner Erfahrung ist es am Anfang am einfachsten, in Gesprächen mit anderen auf die Stimme des Herzens zu hören. Bevor ich etwas sage, schaue ich wie es sich in der Herzgegend anfühlt. Der Vorteil von Gesprächen ist, dass ich sofort an den Reaktionen der Gesprächspartner sehe, ob die Stimme meines Herzens recht behielt.

Jedesmal wenn ich dem Herzen folge und das sage, was sich in der Herzgegend als „richtig" und angenehm angefühlt hat, dann ist die Reaktion der Gesprächspartner immer positiv. Es ist sogar oft überraschend, auf welche Weise das Gesagte in solche Situationen eine tiefere Verbindung schafft, die ein Stück mehr Erfüllung bringt.

Jedesmal wenn ich dagegen nicht auf die Stimme des Herzens gehört habe und etwas gesagt habe, bei dem es ein „dumpfes“ oder „leeres“ Gefühl in der Herzgegend gab, dann sah ich an der Reaktion der Gesprächspartner sofort, dass das Gesagte irgendwie „hohl“ und überhaupt nicht nützlich war.

Diese wiederholte Erfahrung in Gesprächen war ein schneller und relativ einfacher Weg für mich, der Stimme des Herzens vertrauen zu lernen und so dem Herzen auch in anderen Situationen und bei „größeren“ Entscheidungen zu vertrauen.

13254825R00040

Printed in Poland
by Amazon Fulfillment
Poland Sp. z o.o., Wrocław